Patrick Konzett

Grenzen in meinem Kopf

story.one – Life is a story

story.one

1st edition 2024

Production, design and conception:
story.one publishing - www.story.one
A brand of Storylution GmbH

Font set from Minion Pro, Lato and Merriweather.

ISBN: 978-3-7115-0384-8

"Was auch immer du werden willst wenn du groß bist. Es ist nie zu spät dafür, daran zu arbeiten. Das ganze Leben ist eine Reise und es wird Zeit, die Koffer zu packen und loszugehen."

Patrick Konzett

INHALT

Vorwort: Wer bin ich ?

Wie jede Geschichte beginnt auch meine mit einem Rückblick, wie es zu der jetzigen Position und Situation gekommen ist. Denn ohne diese Informationen ist es nicht einfach, das ganze immer nachvollziehen zu können.

Bei meiner Person handelt es sich weder um jemand Hochbegabtes, noch jemanden, der studiert hat.

Doch eventuell ist genau dies ein Punkt, der dich dazu gebracht hat, dieses Buch zu lesen. Denn so ging es jedenfalls mir. Meistens findet man Bücher von sehr erfolgreichen Menschen, bei denen es schwer wird, sich mit ihrer Geschichte zu identifizieren.

Aber nun zu einer kleinen Reise in die Vergangenheit:

Aufgewachsen in einer Großfamilie mit 3 Halbgeschwister, welche jedoch nie als solches gesehen wurden. Wir waren immer Bruder und

Schwester. Zu Hause waren die Verhältnisse nie einfach, denn der Erziehungsstil der gepflegt wurde, war mehr als fragwürdig.

Nicht alle von uns haben diese Erziehung so überstanden wie ich. Der Vater hatte zu der Zeit schon seine Firma, dementsprechend sind wir in einer Selbständigen-Familie aufgewachsen. Dies birgt wie fast alles im Leben seine Vor- und auch Nachteile. Schon früh hatten wir die Möglichkeit, unser handwerkliches Geschick zu erproben und uns in die Firmenstruktur einzuleben.

Dieses Buch soll jedoch nicht da sein, um irgendjemanden schlecht zu reden. Denn es ist nie zu spät für eine positive Vergangenheit. So lernte ich es zumindest in meiner Mental-Trainer Ausbildung. Schon in jungen Jahren stellte sich somit heraus, dass die handwerkliche Arbeit absolut mein Feld sein muss, denn ich war geschickt. Somit war der Weg, den ich gehe klar. Ich machte eine klassische Lehre als Karosseriebautechniker und versuchte mich nach der Ausbildung des Öfteren im elterlichen Betrieb. Aufgrund meiner Art und Weise war dies zum Scheitern verurteilt. Das erste Mal als ich mit den Grenzen in meinem Kopf konfrontiert wurde, war im Jahr 2010. Diesem Ereignis möchte ich jedoch ein eigenes Kapitel widmen, denn es war das Fundament für alles Weitere was geschah.

Doch wer bin ich heute? Ich will euch nicht im Dunklen tappen lassen, mit wem ihr es zu tun habt.

Mein Name ist Patrick Konzett, bin knackige 31 Jahre alt, Familienvater, Ehemann, Podcaster, Angestellter und Selbständiger als Nähmaschinen-Mechaniker und Mental-Trainer. Bin tätowiert, gepierct und auf dem besten Weg, das Leben in die Richtung zu bringen, wo ich es immer haben wollte. Und wie es dazu gekommen ist, erzähle ich euch in diesem Buch.

Denn diese Reise kann jeder von euch selbst auch erleben, ohne Selbständig zu sein. Ich möchte euch Tipps, Tricks sowie persönliche Erfahrungen mitgeben.

Warum ich dieses Buch schreibe? Weil ich mir selbst ein solches Buch gewünscht hätte.

„Die schlimmste Armut ist Einsamkeit und das Gefühl, unbeachtet und unerwünscht zu sein.“

(Mutter Teresa, indischen Missionarin, 1910 – 1997)

Vom Regen in die Traufe

Nach dem weiten Rückblick in meine Kindheit springen wir in das Jahr 2010, wo die Grenzen in meinem Kopf so richtig in Aktion getreten sind.

Mit 17 Jahren kam ganz unverhofft die Meldung, dass ich Vater werde. Gerade fertig geworden mit der Ausbildung. Die Dame wohnt in Deutschland, ich in Österreich. Natürlich nicht grenznah, sondern ich in Vorarlberg, sie in Nordrhein-Westfalen.

Kennengelernt und näher gekommen bei einem Festival in Leipzig nahm die ganze Geschichte ihren Lauf. Natürlich war keiner der Erwachsenen erfreut über den Zustand, doch man machte das Beste daraus.

Wir übersiedelten sie zu uns nach Vorarlberg und bereiteten uns auf das Leben als Jung-Eltern vor. Keine Ahnung von nichts, aber was wir wussten war, dass wir das schon irgendwie schaffen werden.

Wir übernahmen die Verantwortung und lernten all das, was Eltern können mussten.

Mental, also im Kopf war dies ein wahnsinniger Druck. Die erste Grenze machte sich bemerkbar:

"Das schaffst du niemals"

Verstärkt wurde dieses Gefühl liebevoll von der Familie und Verwandten. Dann war es so weit. Die kleine kam auf die Welt und wir waren ganz offiziell Eltern. Wie es alle Eltern kennen, ist jede Vorbereitung sinnlos, denn es kommt sowieso alles ganz anders als wie man es liest oder gesagt bekommt.

Doch wir freuten uns. Wir waren verliebt in dieses kleine Geschöpf und taten unser Bestes, der kleinen Maus das beste Leben zu schenken, was uns möglich war.

Machen wir einen Zeitsprung. 7 Monate später.

Wir sind im Mai 2011. Die Kleine ist 7 Monate alt. Nach unserem Wissen war alles gut. Wir bekamen einen Anruf unserer Kinderärztin, dass wir sofort ins Krankenhaus müssen.

Ahnungslos wie wir waren, hatten wir keinen Plan was los war und fragten auch nicht mehr lange nach. Wir gingen ins Krankenhaus. Dort wurde sie stationär aufgenommen und verstarb einige Tage später. Diagnose: Verdacht auf multiples Organversagen.

Die ganze Krankenhausgeschichte lasse ich hier bewusst weg, denn diese zu lesen ist weder schön noch hilfreich, denn es gib in dieser Geschichte keine Offenbarung. Nur dass ich dort schon auf mich alleine gestellt war.

Dieses junge Leben verstarb also in unseren Armen und das Kriseninterventions-Team kümmerte sich anschließend um uns. Warum ich euch diese Geschichte überhaupt erzähle? Wisst ihr noch, die erste Grenze im Kopf?

"Das schaffst du niemals"

„Den größten Fehler, den man im Leben machen kann, ist, immer Angst zu haben, einen Fehler zu machen.“

(Dietrich Bonhoeffer, lutherischer Theologe, 1906 – 1945)

Wenn man an die eigene Limitierung glaubt.

Nun durftet ihr mich in meiner dunkelsten Stunde begleiten. Ich habe euch zum größten Tiefpunkt in meinem Leben mitgenommen.

Die erste Grenze, mit der ich direkt konfrontiert wurde, hat sich in meinem Kopf bewahrheitet.

Natürlich heißt das nicht, dass wir etwas falsch gemacht haben oder dass wir versagt haben. Doch wenn man an die eigene Limitierung glaubt und an dieser festhält, passiert Folgendes:

- Man denkt, dass diese Grenze die aufkam, die absolute Wahrheit ist.
- Es wird an dieser Grenze festgehalten, denn wenn sie nicht wahr wäre, gäbe es sie nicht.
- Du trägst diese Grenze und somit diese Last dein ganzes Leben mit dir mir, außer du löst sie auf.

- Wahrscheinlich wird es dir wie mir gehen, dass du immer mehr Grenzen "finden" wirst.
- Der Aufbau einer Negativ-Spirale nimmt seinen Lauf

Hätte ich dies alles doch schon damals mit jungen 18 Jahren gewusst. Doch dies war nicht der Fall, darum entwickelte sich bei mir ein gewaltiger Abwärtstrend, der scheinbar kein Ende nehmen wollte.

Nach dem Verlust brauchte ich Pause. Ich brauchte Zeit für mich. Die Beziehung ging in die Brüche da sie dieser Belastung nicht standhielt, ich habe den Job bei meinem Vater verloren, es gab eine Beerdigung zu bezahlen.

Nun wissen wir, wie die Lage ist. Ausgebrannt, Arbeitslos, Mittellos, Alleingelassen.

Mich interessierte nichts mehr im Leben. Es war mir egal, ob ich Schulden habe, es war mir egal wie viel Rechnungen ins Haus kamen, es war auch egal, ob ich Freunde hatte. Diese Spirale ging so weit, dass ich dann mit einem Riesen Haufen an Schulden dastand und die Lust zum Leben verlor. Wortwörtlich.

Doch irgendwas erinnerte mich daran, Musik zu hören. Ja du liest richtig. Musik zu hören. Diese spendete mir schon in jungen Jahren absolute Geborgenheit und Kraft. Also fing ich an die Songs meiner Lieblingsband zu hören. Es war wie eine Wunderpille.

Ich raffte mich auf und nahm die Dinge Stück für Stück wieder in die Hand. Habe meine Gläubiger zusammengesucht, einen Kredit aufgenommen, mein Leben wieder geordnet und mein Krönchen gerichtet. Ich habe meine erste Grenze, meine erste selbst erschaffene Limitierung gelöst und fing an, wieder zu Leben. Rückwirkend betrachtet, hatte ich noch keine Ahnung, was eine Limitierung überhaupt sein soll geschweige denn, was ich gemacht habe, um diese zu lösen.

„Wer Großes versucht, ist bewundernswert, auch wenn er fällt.“

(Lucius Annaeus Seneca, römischer Philosoph, um 1 n. Chr. – um 65 n. Chr.)

Die Kraft aufzustehen, um wieder hinzufallen.

Aus dem letzten Kapitel haben wir gelernt, dass es auch einfach durch eine übernatürliche Macht möglich ist, wieder aus so einer negativen Spirale herauszukommen. Man kann natürlich alles Mögliche dafür benennen. Sei es eine übernatürliche Macht, Gott oder das Sphagetti-Monster. Es ist auch ganz egal welchen Namen es trägt, sofern wir wissen, worum es sich handelt.

Oft werden solche Erfahrungen als etwas übernatürliches Wahrgenommen. Doch im Grunde genommen ist es "nur" unser Unterbewusstsein, welches die Lage erkennt und die Notbremse zieht. Es ist die Angst, die uns leitet und führt. So zumindest ist es meine Erfahrung. Dies wird wahrscheinlich nicht in einer Lektüre zu finden sein, doch hier geht es ja um persönliche Erfahrungen.

Nun der Titel des Kapitels spricht es schon an. Die Kraft aufzustehen, um wieder hinzufallen.

Dies wird uns im Leben immer und immer wieder passieren. Wir werden hinfallen. Doch was ganz klar ist: Wir müssen wieder aufstehen. Nicht um irgendjemandem zu gefallen, sondern um uns selbst zu stärken.

Warum dieses Kapitel jetzt kommt? Na ganz einfach:

Ich habe gerade die schwerste Krise meines jungen Lebens hinter mir und lernte eine Frau kennen. Eine Frau welche mich faszinierte, eine Frau welche für mich ein Strohhalm war, um wieder komplett ins Leben zu kommen. Es ging alles sehr schnell. Sie aus der Schweiz, ich aus Österreich. Wir zogen zusammen und entschieden uns, gemeinsam ein Haus in Deutschland zu kaufen.

Mein Vater? Überglücklich! Nicht.

Nun "long Story short": Wir heirateten und kauften ein altes Ferienhaus. Ost-Deutschland. 500 km von zu Hause entfernt. Anfangs war ich begeistert. Das Haus wurde von mir kernsaniert, bis auf Wasser und Heizung, dies habe ich extern machen lassen. Natürlich war auch dieses Projekt von meinem Vater bereits als gescheitert angesehen. Er traute es mir nicht zu. Tadaaaa! Nächste Limitierung.

Nun, durch diese wahnsinnige, auch geistige Unterstützung väterlicherseits habe ich mich verunsichern lassen. Dies zeigte sich auch in der Arbeit, die ich abgeliefert habe. Ein Projekt nach dem anderen lief nicht so, wie ich mir das vorgestellt hatte. Aus reinem Frust meinem Vater gegenüber habe ich diese mir nicht bekannte Limitierung aufgehoben. Ich sagte mir immer wieder, dass ich es schaffe. Dass ich dieses Haus fertig machen werde und dass es mir gelingen wird, uns (nun mit schwangerer Frau) ein schönes Zuhause zu gestalten. Genau dies war es auch, was mir dann gelang. Stück für Stück bauten wir das Haus in neuem Glanz wieder auf und waren glücklich. Ich habe es mir selber bewiesen. Ich habe es meinem Vater gezeigt.

Doch das Glück wehrte nicht lange, denn da Stand die Scheidung im Haus.

Neubeginn mit Hindernissen

Ja richtig gelesen! Die Scheidung steht an. Ich weiß, dieses Buch liest sich mehr wie eine Biografie. Doch scheinbar ist dies meine Art, wie ich euch am besten meine Erfahrungen und Tipps näher bringen kann. Ich werde die ganzen Tipps und Tricks am Schluss natürlich nochmal in einem separaten Kapitel zusammenfassen. Doch viel mehr würde es mich freuen, wenn du mit Interesse die Kapitel weiter liest und nicht gleich nach hinten springst.

Die Scheidung verlief ruhig, wir klärten alles in Ruhe. Ex-Frau und Kind blieben im Haus, ihre Eltern bauten dazu und ich machte mich auf den Weg zurück nach Österreich. Denn wieder einmal habe ich alles verloren, was mir wichtig schien.

Zurück in Österreich legte ich eine erneute Bruchlandung in der Firma meines Vaters hin, denn dies wollte einfach nicht funktionieren. Somit begab ich mich zu meiner persönlichen Reise zusätzlich auf eine arbeitstechnische

Reise. Ich versuchte mich in verschiedenen Jobs, lernte, was ich nicht machen möchte und habe auch Berufstechnisch viel dazu gelernt. Doch ich habe aufgehört, mich selber zu schädigen.

Es war mir mittlerweile ziemlich egal, wie lange mein Lebenslauf werden wird. Denn entweder man will mich so wie ich bin, oder man lässt es eben. Ich kannte meine beruflichen Qualitäten. Ich versuchte mich auch im benachbarten Liechtenstein mit der Arbeit, doch meine finanziellen Qualitäten (Rücklagen für Steuern etc.) waren wirklich sehr bescheiden. Somit sprang ich auch hier mit Anlauf in das Fettnäpfchen.

Steuerschulden häuften sich an, weil mir der Konsum wichtiger war als finanzielle Intelligenz. Wieder was gelernt. Ich möchte dir in diesem Kapitel eigentlich eines wirklich näher bringen. Probiere dich aus!

Lass dir von niemandem hineinreden. Mach auch deine Fehler, solange du diese nur einmal machst. Kündige, wenn du unzufrieden bist und sich keine Lösung finden lässt. Für die Firma bist du eine Nummer und austauschbar.

Genau so musst auch du eine Firma sehen. Denn deine Lebenszeit ist wertvoll. In einem Angestellten-Verhältnis machst du nichts anderes, als deine Lebenszeit für Geld zu verkaufen. Sei dir mehr Wert und suche dir eine Anstellung, wo du als Mensch geschätzt wird. Wo deine Arbeit und dein Wissen geschätzt werden.

Leider musste ich in vielen Betrieben erleben, dass du als Mensch nicht viel Wert bist. Deine persönlichen Probleme sind nicht gern gesehen, denn du musst funktionieren. Doch nicht jede Firma ist so! Das muss an dieser Stelle auch mal gesagt werden.

Wisst ihr, was das schönste bei diesem Neubeginn war?

Meine große Jugendliebe entfachte wieder. Es gab da nur ein Problem. Sie war verheiratet.

Du hast dich erneut unsterblich in diese eine Frau verliebt. Sie sich auch in dich. Doch da ist halt immer noch ein Ehemann. Wie lösen wir diesen Umstand? Dieses Kapitel endet, wie es begonnen hat. Mit einer Scheidung.

„Niemand weiß, was er kann, bevor er's versucht."

(Publilius Syrus, römischer Mimen-Autor, 85 v. Chr. – 43 v. Chr.)

Wie der Phönix aus der Asche

Wir kürzen in diesem Kapitel ein wenig ab. Denn Scheidungsgeschichten bringen uns nicht weiter. Lass es mich so sagen. Die Ehe war für beide nicht mehr ganz so vorteilhaft. Somit beschlossen sie, getrennte Wege zu gehen.

Nun war sie da. An meiner Seite. Meine Jugendliebe.

Ich fing an, mich endlich wie ein Gewinner zu fühlen. Sie brachte 3 Bonuskinder mit in die Beziehung. Es wurde uns auch sehr schnell klar, dass wir auch noch ein gemeinsames wollen. Dies passierte dann auch ziemlich schnell und wir freuten uns. Nur die Schwangerschaft war der Horror.

Liebe Leserin, lieber Leser, manche von euch werden sich jetzt vielleicht denken "Juchhu, endlich geht es aufwärts".

Ich muss euch enttäuschen. Bei allem positiven, was in das Leben kam, kam natürlich auch negatives. Das Kind, welches mit der Mutter in Deutschland lebt, erkrankte schwer. Für mich natürlich ein Schock und ein absoluter Panikmoment. Denn ich musste ja bereits die Erfahrung machen, ein Kind zu verlieren.

Nach langen Krankenhausaufenthalten und schweren medizinischen Eingriffen in dieses junge Leben kratze er jedoch die Kurve und es geht ihm den Umständen entsprechend sehr gut. Mir fiel ein Stein vom Herzen. Denn wenn ich eines nicht mehr verkraftet hätte, dann wäre es definitiv nochmal ein Kind zu verlieren.

Ihr könnt euch die Lektion aus den letzten Kapiteln eventuell selbst zusammenreimen. Es ist egal was in der Vergangenheit passiert. Es kommt immer darauf an, wie ihr damit umgeht. Eure Entscheidungen formen eure Gegenwart und Zukunft. Es ist nie zu spät, sich eine positive Vergangenheit zu erschaffen.

Nun habe ich euch auf meinem Lebensweg mitgenommen und ihr durftet mich ein wenig kennenlernen. Den einen oder anderen Tipp durftet ihr bereits auf dem Weg bis hier her schon mitnehmen und verinnerlichen. Doch warum heißt dieses Kapitel nun "Wie der Phönix aus der Asche"?

Am besten erkläre ich es euch so:

All das, ws passiert ist, hat mich geformt und geprägt. Es hat meine Entscheidungsgewalt, mein Tun und mein Sein verändert. Der Rückzug nach Österreich war für mich wie eine Neugeburt. Es lief nicht alles wie geplant, doch ich kam als neuer Mensch an. Ich war gewachsen.

Seht eure Vergangenheit also nicht immer nur als Last. Klar, es gibt sehr viele Ereignisse, welche kaum positiv gedeutet werden können. Doch ist auch nicht alles immer so schlimm, wie man es im Kopf verankert hat.

Mein Ziel ist es nicht, dein erlebtes kleinzureden oder dir zu sagen, dass du übertreibst. Egal was es war, es kann für dich eine Riesen-Bedeutung haben. Ich ziehe meinen Hut vor dir, denn du bist hier, du liest dieses Buch und hast noch nicht aufgegeben. Genau das ist es, was zählt. Du bist wunderbar und wertvoll.

„Wer seine Ängste überwunden hat, wird wirklich frei sein.“

(Aristoteles, griechischer Universalgelehrter, 384 v. Chr. – 322 v. Chr.)

Los gehts, lernen wir fliegen !

So ein Phönix aus der Asche muss ja auch fliegen können, nicht wahr?

Lernen wir also fliegen. Da sind wir also. Ein gutes Stück näher an der Gegenwart. Jetzt wird es erst recht spannend für euch. Von jetzt an kommen immer öfter (so hoffe ich doch zumindest) diese tollen "Aha-Momente"

Natürlich war auch die nähere Vergangenheit nicht einfach und von "Problemen" gepflastert. 2022 durften wir erfahren, dass ein Kind mit einer auto- immun Krankheit sein Leben verbringen darf. Dies stellte für uns natürlich wieder mal alles auf den Kopf. Nicht nur finanziell, auch vom täglichen Ablauf wurde alles komplizierter.

Doch auch dies schafften wir einigermaßen in den Griff zu bekommen und für ihn alles so erträglich wie möglich zu gestalten. Führt ja kein Weg daran vorbei.

Wenn also du dachtest, dass es nur in deinem Leben so bescheiden läuft, darf ich dich wirklich beruhigen. Du bist nicht alleine, und das solltest du dir am besten irgendwo hinschreiben. Jeden Menschen den wir treffen hat seinen eigenen Rucksack zu tragen. Die meisten Menschen, denen ich begegne, erzählen fleißig aus diesem Rucksack raus, doch selten sprechen sie über das positive.

Genau da möchte ich euch etwas erzählen. Solltet auch ihr zu dieser Kategorie von Erzählern gehören, möchte ich euch gesagt haben, dass ihr damit eure Zukunft gestaltet. Denn dahin wo euer Focus geht, dorthin fließt die Energie. Wir können also sagen, dass wenn wir uns hauptsächlich über das Negative im Leben unterhalten, kommt genau jenes auch in unser Leben. Verrückt, oder?

Konzentrieren wir uns also lieber auf die schönen Momente im Leben. Konzentrieren wir uns darauf, was uns das letzte Mal zum Lachen gebracht hat. Erzählen wir uns unsere schönen und inspirierenden Momente. Somit haben wir eine positive Grundeinstellung in der Kommunikation. Lass dich überraschen, denn wenn du eine positiv geprägte Konversation anstrebst, wird dies auch meist von deinem Gegenüber erkannt (wenn auch unterbewusst) und das ganze Gespräch verläuft mit einem viel tolleren Gefühl.

Ein Mancher von euch wird dies als Humbug empfinden, als Scharlatanerie abtun. Das ist natürlich auch vollkommen okay, doch dann ist dieses Buch wahrscheinlich nichts für dich. Denn genau dahin führen die nächsten Kapitel.

Fliegt der Phönix nun?

Nein! Noch nicht. Doch er befindet sich bereits in Startposition und wartet nur noch darauf, dass du deine innere Einstellung und deine Gedanken zum Flug bereit machst. Nur wer mit dem Geiste offen ist und sich auf neue Erfahrungen einlassen WILL, wird das fliegen lernen. Wenn du offen für Veränderung bist, dann halte dich gut fest, denn schon bald wirst du in dein neues Leben abheben und dir selber danken, dass du es durchgezogen hast.

AFTER TH

Bei Flugversuchen gibt es Bruchlandungen.

Wir unternehmen also unsere ersten Flugversuche mit neuem Mindset. Klasse!

Natürlich kann ich euch dieses Kapitel wieder am besten mit meiner persönlichen Geschichte näher bringen. Wenn ihr bis hier her gelesen habt, scheint euch das auch nicht weiter zu stören. Genial!

Sprechen wir über Bruchlandungen. Wie bereits erwähnt, versuchte ich mich in einigen verschiedenen Unternehmen als Angestellter. Mir war schon in frühen Jahren bewusst, dass ich irgendwann einmal als mein eigener Chef arbeiten werde.

Mit diesem schon früh erworbenen Ziel habe ich natürlich unbewusst mein Unterbewusstsein programmiert. Dadurch wundert mich mit meinem jetzigen Wissensstand auch nicht mehr, dass es mit den meisten Vorgesetzten und somit auch den Arbeitsverhältnissen nie wirklich geklappt hat.

Denn mein Unterbewusstsein, oder metaphorisch gesprochen das universelle Taxi, wusste bereits, wohin die Reise gehen soll und fährt ununterbrochen auf diese Destination zu. Zum einen gut, zum anderen schlecht für mich, zumindest in den letzten Jahren.

Als ich mir nun Ende 2022, Anfang 2023 bewusst wurde, dass es an der Zeit ist eine Firma zu gründen, wollte ich dies auch aktiv angehen. Einer meiner besten Freunde, welcher auch mein Tätowierer ist, ist schon seit einiger Zeit als Tätowierer selbständig und brachte eine Idee um die Ecke. Er begeisterte mich für diese Idee. Ich war so begeistert, dass ich mich dazu entschieden habe, meinen Job zu kündigen und sofort in die Selbständigkeit starte. Was für ein fataler Anfängerfehler.

Es kam, wie es kommen musste. Mit den Wochen verlor ich die Motivation und das Feuer für diese Idee. Versteht mich nicht falsch, ich finde die Idee immer noch gut, doch ist es nichts mehr, was mein inneres Ich zum Hüpfen bringt. Der Grund dafür liegt eigentlich auf der Hand. Wir hatten viel gesprochen was die Ziele dieses Unternehmens betrifft und wie die Aufteilung wäre und was finanziell dabei herauskommen würde und und und. Doch all dies waren gar nicht meine eigenen Ziele.

Ich habe mich von den Zielen anderer anstecken lassen und hab sie mir selber als meine Ziele verkaufen wollen. Doch mein Unterbewusstsein ist da schlauer als ich. Durch den Fakt, dass es nicht meine eigenen Ziele waren, verlor ich schnell den Focus dazu und verlor auch das Interesse. Doch was mache ich jetzt?

Ich habe doch gekündigt, um in die Selbständigkeit zu starten. Ich sah meinen Fehler ein. Das war auch das einzige, was ich in diesem Moment machen konnte. Meine Frau warnte ich von Anfang an, doch sowas will man in der Euphorie gar nicht hören.

Eine Lösung musste her. Doch wie löst man denn so ein Umstand auf die schnelle? Als 6-Köpfige Familie waren wir auf das Geld angewiesen, was als arbeitsloser natürlich von nirgendwo her kam. Jetzt kommt es auf die richtige Handlung an.

Neustart! Diesmal aber richtig.

"Da wären wir nun wieder. Am Anfang. Dieser Versuch muss aber klappen, sonst bin ich ein Versager."

Das sagte ich mir, als ich dann als Matratzen-Verkäufer endete und meine Unternehmer-Laufbahn an mir vorbeifliegen sah. Nicht, dass der Job als Verkäufer hier abwertend dargestellt werden soll, doch für mich war dies nach den großen Zielen doch eher niederschmetternd.

Nun, wie der Titel des Buches sagt, geht es um Grenzen im Kopf. Da oben steht erneut eine Grenze. Ich limitierte mich selbst auf EINEN weiteren Versuch. Ich gab mir selber nicht mehr Zeit, etwas zu erschaffen.

Natürlich ist dies ein katastrophaler Fehler, denn manchmal braucht es einfach so viel mehr Versuche. Denken wir alleine an Thomas Alva Edison, welcher die Glühbirne erfand. Er brauchte 10.000 Versuche bis seine Erfindung endlich klappte. Doch Mr. Edison sah seine Versuche nicht als Misserfolge.

Er fand lediglich 10.000 Wege wie eine Glühbirne NICHT funktionierte. Genau dieses Mindset, genau diese mentale Einstellung sollten wir von ihm übernehmen. Wir dürfen scheitern nicht mit versagen gleichstellen. Versagt hast du erst, wenn du aufgegeben hast. Selbst dann ist das Wort "Versagen" doch ein relativ großes, denn manchmal stellt sich für eine Person heraus, dass dieser Weg einfach nicht der richtige ist. Dann ist auch das Aufgeben eines Projektes ein absoluter Erfolg, denn du hast früh genug gemerkt, dass für dich ein anderer Weg bestimmt ist.

Ich arbeitete nun für ein paar Stunden als Verkäufer. Natürlich hatte ich Ziele im Leben. Ich wollte auf die große Bühne als Keynote-Speaker. Auch das Thema war mir bereits klar. Es sollte um Motivation, Ziele Setzen und Lebenskrisen überwinden gehen, denn wie aufmerksame Leser bemerkt haben, ist das mein absolutes Fachgebiet.

Ich schmiedete also Pläne, wie ich diesem Ziel näher kommen kann. Denn es stand für mich fest, dass ich genau dahin will. Dies war das Ziel, für welches ich brenne. Ich möchte meine Erlebnisse, meine Erfahrungen den Menschen da draußen weitergeben. Und wenn ich auch nur einem helfen kann, wenn ich auch nur eine Person inspirieren kann, war es all die Arbeit wert, welche ich so oder so gerne gemacht habe.

Ich startete damit, eine Keynote Präsentation zu machen. Ich informierte mich mehr und mehr zu diesen Themen und entschied mich dazu, einen Podcast zu starten. Denn irgendwie möchte ich natürlich auf mich Aufmerksam machen. Ich programmierte mich selber neu. Ich fing wieder an zu lesen, habe mir sportliche Ziele gesetzt und habe mein Mindset komplett über den Haufen geworfen.

Durch die positive Erfolgs-Programmierung warf mir das Leben die erste Aufgabe zu. Ich gründete eine Firma. Doch nicht als Speaker oder Trainer, sondern als Nähmaschinenmechaniker.

Wie es dazu kam? Lest selbst!

„Die Leute, die verrückt genug sind, zu denken, dass sie die Welt verändern können, sind diejenigen, die es tun.“

(Steve Jobs, US-amerikanischer Unternehmer, 1955 – 2011)

Auf Umwegen dem Ziel näher!

Vom Ziel des Speakers zum Nähmaschinenmechaniker. Ja das klingt schon irgendwie lustig. Doch nun haben wir alle schon gelernt, dass der Weg des Erfolgs oder auch der Weg des Lebens alle ist, nur kein gradliniger.

Das ganze Thema kam damit auf, dass ich geizig war. Auch dies kann eine positive Eigenschaft sein, sofern es nicht ausartet.

Meine Frau ist Dipl. Kindermode-Designerin. Auf gut Deutsch gesagt, sie näht. Aufgrund dessen hat sie zu der Zeit ca 6 Nähmaschinen zu Hause. Nun brauchen diese Maschinen hin und wieder ein wenig Liebe oder eine Reparatur, denn wo gehobelt wird, fallen Späne. Doch der Service oder die Reparatur dieser Maschinen kostet bei uns im Land eine Stange Geld, vor allem wenn es so viele sind.

Kurzerhand entschied ich mich dazu, es selbst zu erlernen. Ich suchte mir im Land einen pensionierten Nähmaschinenmechaniker, um von ihm zu lernen. Glaubt mir, die Suche war gar nicht so leicht.

Doch wie es so sein sollte, fand ich diesen Menschen auch und ich durfte von ihm seine Tipps und Tricks lernen. Ich lernte von Grund auf wie man mit so einer Maschine umgeht, worauf es zu achten gilt und was die bekannten Fehlerquellen sind.

Ich erkannte relativ schnell, wie hoch der Bedarf bei uns im Land ist und entschied mich dazu, mich nebenberuflich Selbständig zu machen. Kurz nach dieser Gewerbeanmeldung kam ein Jobangebot, welches in eine ganz andere Richtung ging. Ich war ja immer noch in meinem Teilzeitjob und hatte meinen Lebenslauf bei einem Jobportal hochgeladen. Das Angebot der Firma war zu verlockend, als dass ich es ablehnen konnte. Doch nun stand ich hier mit einer Selbständigkeit und einem 100 % Job. Geht das überhaupt?

Ja, das geht. Denn genau diese Frage ist eine weitere Grenze im Kopf, welche man überwinden musste. Ich besprach mich mit meiner Frau, sagte natürlich auch meinem Arbeitgeber

Bescheid und so arbeite ich immer Abends in der Werkstatt mit meinen Nähmaschinen und mache die Kunden glücklich. Mittlerweile geht mir zwar der Platz in der Garage aus, jedoch ist es noch nicht an der Zeit, die Flügel auszustrecken und zu vergrößern.

Doch was hat all dies nun mit meinem Ziel zu tun? Ganz einfach: Netzwerk!

Ich trat nach meiner Gewerbeanmeldung der Jungen Wirtschaft bei und lernte viele tolle Leute kennen. Unter anderem auch Menschen, welche tolle Veranstaltungen mit Speakern veranstaltet, welche sich genau in meinem Themenbereich befindet. Dort bin ich zumindest schon im Speaker-Pool und sie melden sich, wenn ich irgendwo hineinpassen würde.

Wow. Was für eine Wende. Durch eine Selbständigkeit, welche mit meinem Ziel gar nichts zu tun hat, kam ich diesem jedoch näher.

Patrick Konzett
Nähmaschinentechniker
Karosseriebautechniker

Die Wege sind manchmal unergründlich.

Es erstaunt mich, wie schön die Umwege zum Ziel sein können. Denn nicht nur die Bekanntschaften über die Junge Wirtschaft, sondern auch das Sein als Jung-Unternehmer selbst führt mich meinem Ziel näher.

Denn genau diese Selbständigkeit brachte mir nun zwei Auftritte als Referent bei den Vision Day´s. Ich durfte insgesamt (unter zweimal) vor rund 200 jungen Erwachsenen über das Thema Unternehmertum sprechen. Also kam ich meinem Ziel schon wieder näher, denn ich stand auf der Bühne und durfte den jungen Menschen etwas für ihren Weg mitgeben.

Man neigt dazu, sich selber kleinzureden oder seine Erfolge herunterzuspielen. Wie bereits erwähnt, startete ich auch einen Podcast. Natürlich erwartete ich mir zuerst einen riesengroßen Erfolg von diesem. Einen "Push" für meine Social Media Seiten. Dieser Erfolg blieb aus. Doch wenn ich darüber nachdenke, ist dies auch nicht wirklich verwunderlich, denn es kennt mich ja noch niemand.

Nach Gesprächen mit anderen Podcastern sagten mir diese einen Satz, welcher meine ganze Sichtweise auf dieses Thema veränderte: " 99 % der Podcasts schaffen es nicht über die zweite Folge. Sei also stolz auf dich, denn du bist schon weiter und gehörst somit zu dem einen Prozent, der es durchzieht. "

Na da schau mal einer an. Somit kam ganz neuer Wind in die Sache. Zu dem Zeitpunkt wo ich dieses Kapitel schreibe, bin ich bei Folge 33, hab 28 Abonnenten und knappe 700 Gesamtwiedergaben. Eigentlich ein gewaltiger Erfolg.

Wir sollten in unserer Gesellschaft wieder anfangen, kleine Erfolge wertzuschätzen. Wir sollten aufhören uns ständig zu vergleichen. Es gibt eine Podcast-Folge von mir, welche sich genau mit diesem Thema, dem Vergleichen, beschäftigt.

Denn meist sind solche Vergleiche sehr toxisch. Versteht mich nicht falsch, Vergleiche sind nicht immer schlecht. Wenn wir selbst die Vergleiche mit einem positiven Gedanken verbinden, nämlich dass wir uns dahin bewegen wollen und uns vergleichen, was uns dazu noch fehlt oder welche Schritte wir gehen müssen, dann sind solche Vergleiche super.

Doch meist bewegen sich die Vergleiche im persönlichen Rahmen. Was hat der andere, was macht der / die andere, welches Auto fährt der / die andere, was verdient der / andere usw.

Dies sind alles Vergleiche, welche uns in unserem Leben nicht weiterbringen, sondern unserem Mindset, unseren Gedanken und unserem TUN schaden. Wir können uns gar nicht mit anderen Menschen vergleichen, denn wir sind noch nie in deren Schuhen gelaufen. Wir kennen nicht den Rucksack, den sie täglich mit sich tragen.

In diesem Rucksack befindet sich all das, was diese Person erlebt hat, wie sie aufgewachsen ist, welche Werte sie mitbekommen hat. Wir können uns mit niemandem vergleichen. Wir sind EINZIGARTIG!

Zeige dich, sonst wirst du nicht gesehen !

Klasse! Wir sind in der Gegenwart angekommen. Also fast.

Das ganze Buch hat einen Touch von einer Biografie. Doch wenn ihr jedes Kapitel gelesen habt, dann konntet ihr bis jetzt bestimmt auch einige Punkte mitnehmen.

Es sieht so aus, als würde alles so laufen, wie ich mir das gewünscht habe. Traumfrau, guter Job, Selbständigkeit und die Ausbildung zum Dipl. Mentaltrainer.

Ich bin wahnsinnig stolz auf mich selber und werde in dem nächsten Kapitel eine Auflistung der für mich wichtigsten Punkte schreiben. Denn dies soll meine Weitergabe an euch sein. In Kürze findet mein erster Workshop statt wo ich dieses Buch schon aufgelegt habe, sofern alles den Weg geht, den ich mir vorgestellt habe.

Natürlich mussten auf diesem Weg auch einige Dinge verändert werden. Wenn du etwas in deinem Leben verändern willst, musst du etwas dafür tun. Ich habe einige, für mich negative "Energie-Vampir" Kontakte minimiert, einige Kontakte habe ich komplett abgebrochen.

Ich habe die Verantwortung für mein Leben übernommen und meine Fehler eingesehen. Derzeit arbeite ich daran, diese Fehler zu analysieren und auch auszubaden.

Selbstreflexion, Emotionen und Reaktionen verstehen und dies zu Verändern, wenn sie einem nicht gefallen. Angewohnheiten ändern, die einem nicht passen und somit zu einem besseren ICH werden. Jeden Tag aufs neue sollte das unser aller Ziel sein.

Wenn wir uns alle mit mehr Respekt sehen würden, wäre der Alltag für viele Menschen um einiges Leichter.

Durch das Arbeiten an mir selber und dem Erweitern meines Horizontes konnte ich mich selbst zu einer besseren Person machen. Ich freue mich, wenn auch dir das gelingt und noch mehr freut es mich, wenn du mir über deine

Reise berichtest. Es werden sicherlich wieder schwere Zeiten auf mich zukommen, doch auch diese werde ich mit dem jetzigen Wissen meistern.

Mit Mentaltraining können wir uns in allen Lebensbereichen verbessern. Wenn wir uns 5 Lebensbereiche aussuchen und jeden Monat in den Bereichen nur 1 % besser werden, sind wir 1 Jahr später bereits unglaubliche 60 % besser als vor einem Jahr.

Dieses eine Prozent mag für den ein oder anderen Lächerlich sein, doch vertraue mir, diese kleine Zahl wird dein Leben über den Haufen werfen.

"Zeige dich, sonst wirst du nicht gesehen" soll für dein neues Ich auch Programm sein. Jeder von uns hat dieser Welt etwas zu bieten, selbst wenn er es selber noch nicht weiß. Werde Sichtbar für deine Mitmenschen. Wenn du sichtbar bist, kann das Leben dich führen.

Sei authentisch, denn durch Authentizität nehmen dich deine Mitmenschen ernst.

„Die Welt tritt zur Seite, um jemanden vorbeizulassen, der weiß, wohin er geht."

(David Starr Jordan, US-amerikanischer Zoologe, 1851 – 1931)

Meine persönlichen Tipps für dich.

Ich gratuliere dir. Du hast meine Geschichte bis hier her verfolgt und gelesen. Falls du gleich hier her gesprungen bist, rate ich dir, die Kapitel davor zu lesen, denn manche Tipps verstehst du eventuell besser, wenn du meine Geschichte kennst.

Ich vermute, dass die meisten die dieses Buch gelesen haben die Grenzen in ihrem Kopf überwinden wollen. Stark von dir!

Mein Wunsch für dich? Dass du die Reise deines Lebens beginnst und aufhörst, immer wieder ausreden zu suchen, es doch nicht zu tun. Es wird nicht immer alles so laufen wie du es willst, aber sobald du das Momentum angeschoben hast, bist du unaufhaltsam.

Tipps:

1. Visualisiere Erfolg:

Setze dich aktiv mit deinen Zielen auseinander, indem du sie in deinem Geist bildlich darstellst. Visualisiere, wie du Herausforderungen meisterst und deine Ziele erreichst. Indem du deinen Geist auf Erfolg ausrichtest, hilfst du, selbst gesetzte Grenzen zu überwinden.

2. Schrittweise Herausforderungen:

Stelle dich schrittweise neuen Herausforderungen. Beginne mit kleinen Schritten außerhalb deiner Komfortzone und steigere die Intensität allmählich. Dies schafft ein schrittweises Training für deinen Geist, um mit Unsicherheiten umzugehen und Grenzen zu verschieben.

3. Positive Affirmationen:

Ersetze negative Gedanken durch positive Affirmationen. Bewusst positive Selbstgespräche zu führen stärkt dein Selbstvertrauen und hilft, hinderliche Überzeugungen zu durchbrechen. Sage dir selbst, dass du fähig und stark bist, um deine mentalen Grenzen zu überwinden.

4. Lerne aus Misserfolgen:

Betrachte Misserfolge als Chancen zum Wachsen, anstatt sie als Grenzen zu sehen. Analysiere, was schiefgelaufen ist, lerne aus den Erfahrungen und entwickle eine resiliente Denkweise. Misserfolge sind oft Wendepunkte auf dem Weg zu persönlichem Wachstum.

5. Umgebe dich mit Inspiration:

Gestalte dein Umfeld so, dass es dich inspiriert. Umgebe dich mit positiven Menschen, motivierenden Büchern oder inspirierender Musik. Ein unterstützendes Umfeld kann dazu beitragen, mentale Blockaden zu überwinden und neue Perspektiven zu entwickeln.Diese Tipps sollen dir helfen, die eigenen mentalen Grenzen zu sprengen und dich dazu ermutigen, über das hinauszugehen, was du für möglich gehalten hast. Die Veränderung beginnt im Kopf, und mit einer positiven Einstellung und gezielten Strategien kannst du deine Denkgrenzen erweitern.

Alles hat ein Ende.

Der Beginn der Freiheit

In den verborgenen Ecken unseres Denkens haben wir die Grenzen erkundet, die uns unbemerkt einschränken. Dieses Buch ist nicht nur ein Spiegel, der die reflektierten Mauern zeigt, sondern auch ein Werkzeugkasten für den Abriss dieser Barrieren. Wir haben gemeinsam nach innen geschaut, um die Mechanismen unserer Gedankenwelt zu verstehen und zu erkennen, dass die größten Grenzen oft in unserem eigenen Kopf entstehen.

Der Weg zur Freiheit beginnt mit der bewussten Entscheidung, diese Grenzen zu überwinden. Die Erkenntnis, dass wir Architekten unserer eigenen Realität sind, verleiht uns die Macht, neue Horizonte zu entdecken. In der Reflektion und im Handeln liegt die Essenz der

Veränderung.

Die Reise mag nun auf den Seiten dieses Buches enden, aber die eigentliche Expedition durch das Reich der unbegrenzten Möglichkeiten beginnt erst. Es ist an der Zeit, die Flügel der Vorstellungskraft auszubreiten und in die Weiten des Unbekannten zu fliegen. Dein Denken kennt keine festen Grenzen, und jede Herausforderung ist eine Einladung, deine Flügel weiter auszubreiten.

Möge dieses Buch nicht nur eine Quelle der Inspiration sein, sondern auch ein Kompass auf deiner Reise zu einem freien und kreativen Denken. Die Freiheit liegt nicht nur in der Absenz von Grenzen, sondern auch in der Fähigkeit, mit einem offenen Geist die Welt zu betrachten. Der Blick über die Horizonte der Gewohnheit hinaus ist der Beginn einer Reise zu neuen Möglichkeiten.

Nimm diese Worte mit in dein tägliches Leben. Lass sie zu einer Erinnerung werden, wenn die Mauern in deinem Kopf zu hoch erscheinen. Sei der Architekt deiner eigenen Gedanken, und gestalte eine Welt, die auf der Freiheit des Denkens basiert. Die Grenzen in deinem Kopf sind nicht das Ende, sondern der kraftvolle Anfang einer Reise in die Freiheit und Unbegrenztheit. Mach dich bereit, die Tore zu öffnen, denn das Abenteuer des Denkens hat gerade erst begonnen.

PATRICK KONZETT

Nach vielen Jahren des Suchens und dem Unzufrieden-sein habe ich angefangen, meine eigenen Träume zu entwickeln. Schon früh wurde für mich entschieden, welchen Weg ich gehen muss. Genau dieser Weg war nicht der, den ich gehen wollte. Dies habe ich jedoch erst sehr spät gemerkt.

So löste ich mich los von den von mir erwarteten Dingen und fing an mein eigenes Leben zu planen. Natürlich kam dies nicht bei allen gut an und man begegnet immer wieder Hindernissen, die auf dem Weg liegen.

Doch nach vielen Jahren fand ich meinen Weg und bin dabei, diesen immer weiter auszubauen und zu verfolgen. Schließe dich meiner Reise an und begib auch du dich auf eine Reise. Komm raus aus der Komfortzone und lebe dein Leben bevor dein Leben dich lebt.

Loved this book?
Why not write your own at story.one?

Let's go!